spieren

huiswerk

ent

sporttas

sportveld

voetbal

dribbelen

AVI: 3

Leesmoeilijkheid: werkwoorden met een dubbele middenklank (rennen, vallen)

Thema: helden

Zwijsen

Dirk Nielandt
Het doelpunt

met tekeningen van Samantha Loman

Bikkels

Naam: *Peet*
Ik woon met: *pap*
Dit doe ik het liefst: *voetbal, voetbal en voetbal*
Hier heb ik een hekel aan: *huiswerk*
Later word ik: *voetballer (hoop ik!)*

Peet wint

Peet rent op het doel af.
De bal rolt voor zijn voeten.
Zijn ploegmaats roepen: 'Schiet!'
Peet doet alsof hij de bal schopt.
De doelman springt naar links.
Peet schopt de bal naar rechts.
Recht in het doel.
Zijn ploeg juicht.
Ze rennen dolblij over het veld.
Ze winnen weer!

Peet is de ster van de ploeg.
Rik is de trainer.
Hij klopt Peet op zijn schouder.
'Je hebt veel talent,' zegt Rik.
'Je wordt nog zo goed als Ron.'
Ron is de beste speler van het land.
Hij is Peets grote held.
Peet wil ook zo goed worden.
'Ik heb goed nieuws,' zegt Rik.
'Ron komt naar je kijken.'
Peet gelooft het niet.

Rik lacht.
'Zo gek is dat niet, hoor.
Ron zoekt talent.
Hij komt kijken of je goed bent.'
'En als hij me goed vindt?'
Rik knikt.
'Dan mag je bij de beste ploeg spelen!'
Peet is er stil van.
'Mag ik bij de beste ploeg van het land?
Wauw!
Wat een kans!'
Rik knikt weer.
'Die kans krijg je maar één keer, Peet.
Verknal het niet!'

De grote dag

Morgen is het de grote dag.
Dan komt Ron naar Peet kijken.
Peet gaat vroeg naar bed.
Hij wil fris opstaan.

Pap maakt hem vroeg wakker.
Hij heeft vers sap geperst.
'Drink maar op.
Dat is goed voor je spieren!'
Peet drinkt het glas snel leeg.
Hij neemt een flink ontbijt.
'Tijd om te gaan!' zegt pap.
'Ik ga rennen,' zegt Peet.
'Ik ren naar het sportveld.'
'Waarom?' vraagt pap verbaasd.
'Om mijn spieren op te warmen!
Ren je mee?'
'Ik rijd wel met de auto!' lacht pap.

Peet rent naar het sportveld.
Maar dan gaat het fout:
hij valt over de stoeprand.

Hij verzwikt zijn enkel.
'Au!'
Dat doet pijn!
De enkel begint te zwellen.
Peet wordt bang.
Pap zal naar de arts willen, denkt hij.
Dan ziet Ron me niet spelen.
Dat zou een ramp zijn!
Hij probeert weer te rennen.
'Au!'
Het lukt niet.
Het doet te veel pijn.

Ron komt

Pap wacht op Peet bij het sportveld.
'Waar bleef je zo lang?'
Peet haalt zijn schouders op.
Hij doet alsof hij geen pijn heeft.
'Kleed je snel om,' zegt pap.
Peet probeert niets te laten merken.
Hij kleedt zich om.

Rik neemt hem even apart:
'Geef het beste van jezelf, Peet!
Toon wat je kunt!
De bal pakken en in het doel schieten.
Dit is je kans!'
Peet knikt.
Hij loopt het veld op.
Bij elke stap voelt hij de pijn.
Plots begint het publiek te juichen.
Ron komt het veld op.
Hij wuift naar de fans.
Er klinkt gegil en applaus.
Ron gaat naast Rik zitten.
Rik knipoogt naar Peet.

Hij steekt zijn duim op.
Het spel begint.
Peet wil de pijn niet voelen.
Hij dribbelt met de bal.
Het lukt, denkt hij.
Hij rent recht op het doel af.

Plots is de pijn daar weer.
Peet blijft heel even staan.
Meteen pakt iemand zijn bal af.
'Sufkop!' roept een ploegmaat boos.
Peet rent achter de speler met de bal.
Hij wil de bal terug.
Hij duwt de speler.
De speler valt.
Peet ook.
De jongen kermt van de pijn.
Peet ook.
Hij heeft veel pijn.
Maar wat hij doet, is fout:
trekken en duwen mag niet!
Peet krijgt een gele kaart.
'Au, mijn enkel,' jammert Peet.
Maar niemand gelooft hem.
'Sta op!' zegt een ploegmaat.

'Stel je niet zo aan!
Speel!'
Peet wil wel, maar het lukt niet.
Hij wordt van het veld gestuurd.
Het is voorbij voor Peet.
Rik is boos.
'Waarom speel je zo stom?' roept hij.
'Ron geeft je maar één kans, hoor.
Je hebt het verknald!'

De tranen rollen over Peets gezicht.
Tranen van pijn en van schaamte.
Zijn droom is voorbij.

Nooit meer

Peets enkel moet rusten.
Hij mag een week niet spelen.
'Arme Peet,' zegt pap.
'Waarom zei je niks over de pijn?'
'Dan mocht ik niet spelen,' zegt Peet.
Pap zucht.
'Had het maar verteld!
Dan kreeg je misschien nog een kans.'
Peet weet dat pap gelijk heeft.
Nu denkt Ron dat hij vals speelt.
'Ron komt nooit meer kijken,' zegt Peet.
'Ik kom niet in zijn ploeg.'
Pap zucht.

De enkel van Peet geneest snel.
Een week later mag hij weer rennen.
'Je bent de oude,' zegt de arts.
'Tegen welke ploeg speel je morgen?'
Peet haalt zijn schouders op.
Het kan hem niet schelen.
'Hij wil niet meer spelen,' zegt pap.
'Waarom niet?' vraagt de arts.

'Het was een afgang,' klaagt Peet.
'Ron vindt me een sukkel.'
De arts kijkt hem aan.
'Je hebt gewoon pech gehad.
Geef niet op!
Je bent goed.
Je komt wel in Rons ploeg.'
'Niet waar,' zegt Peet.
'Ron komt nooit meer kijken.
Ik heb mijn kans gemist!
Ik raak geen bal meer aan!'

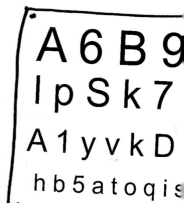

De voetbal

Peet zit thuis.
De bel gaat en hij doet open.
Zijn ploeg staat voor de deur.
Artuur stapt naar voren.
'Geef niet op,' zegt Artuur.
'Cesars zus stond laatst in de wei.
Bij een stier, heel eng.
Maar wij verzonnen een list
en het kwam weer goed.
Dat moet jij ook doen.
Wanneer kom je terug?' vraagt hij.
'Weet ik niet,' zegt Peet.
'Nooit meer, denk ik.'
'We hebben iets voor je!'
Artuur laat hem een voetbal zien.
'Kijk, de naam van Ron staat erop.
Die heeft hij er zelf op gezet!'
'Voor mij?' vraagt Peet verbaasd.
Artuur knikt.
'Dank je wel,' zegt Peet.
Artuur zegt:
'We willen je graag weer in de ploeg!

Je bent onze beste speler.'
Peet aarzelt niet.
Hij gaat zijn sporttas pakken.
Hij haast zich naar het sportveld.
Peet is blij.

Het is gedaan met tobben over Ron.
Hij zegt tegen Rik:
'Rot dat ik mijn kans heb gemist.
Maar ik wil graag weer spelen!
Ik wil weer over het veld rennen.
Ik wil weer tegen de bal schoppen.
Ik wil weer winnen!'
'Dat hoor ik graag,' lacht Rik.

Het spel begint.
Peet speelt als de beste.
Zijn ploeg wint.
De jongens van zijn ploeg zijn blij:
'Was Ron vandaag maar komen kijken!'
Peet knikt.
Hij kleedt zich om.
Plots tikt iemand op zijn schouder.
Peet draait zich om.
'Hoi,' zegt Ron.
Peet staart hem verbaasd aan.
'Krijg ik geen hand van je?' vraagt Ron.
Peet schudt hem de hand.
De hele ploeg klapt in de handen.
Ron lacht.
'Ze hebben me alles verteld.
Ik vond het sneu voor je.
Daarom ben ik weer komen kijken.
Je bent goed.
Heel goed.

Ik wil je graag in mijn ploeg!'
Iedereen juicht.
Peet wordt rood.
Dit had hij niet verwacht.
Hij is dolblij.
Hij mag naar Rons ploeg.
Daar spelen de besten van het land.
Zijn droom komt uit.

Wil je meer lezen over Artuur die Cesars zus redde op pagina 24? Lees dan 'Ridders zijn nooit bang'. Het zusje van Cesar staat in de wei. Dan komt er een stier aan …

Ridders zijn nooit bang

NEDERLANDSE
KINDERJURY
2007

Boeken met dit vignet zijn op niveaubepaling geregistreerd en gecontro-
leerd door KPC-groep te 's-Hertogenbosch.

1e druk 2006

ISBN 90.276.0578.5
NUR 282

© 2006 Tekst: Dirk Nielandt
Illustraties: Samantha Loman
Vormgeving: Rob Galema
Uitgeverij Zwijsen B.V., Tilburg

Voor België:
Zwijsen-Infoboek, Meerhout
D/2006/1919/292